AF602846

LETTRE DE MONSEIGNEUR L'ARCHEVEQUE DE CAMBRAY A SON ALTESSE SERENISSIME ELECTORALE MONSEIGNEUR L'ELECTEUR DE COLOGNE EVEQUE ET PRINCE DE LIEGE &c.

Au sujet de la Protestation de l'Auteur Anonyme d'une lettre Latine, & du Livre intitulé, *Defensio authoritatis Ecclesiæ &c.* imprimé à Liege.

M. DCC. VIII.

AVERTISSEMENT.

IL parut à Liege en 1705. une lettre latine, qui commence par ces mots, De formulâ subscribendâ &c. *L'Auteur y traite de l'espece de croyance que l'Eglise demande à ceux qui signent le Formulaire. Monseigneur l'Archevêque de Cambray consulté là-dessus par un Theologien, fit une petite lettre en francois pour refuter l'Ecrivain de Liege, qui de son côté entreprit de défendre le systeme de sa lettre latine par un livre intitulé,* Defensio authoritatis Ecclesiæ &c, *qui parut sur la fin de l'an 1706. Il y soûtient que ce n'est pas la verité du Fait de Jansenius qu'on atteste par le serment du Formulaire, mais seulement la sincerité avec laquelle on croit ce que l'Eglise a décidé, quoi qu'on ne le regarde pas comme un fait tres-certain, & que l'Eglise même ne le donne pas pour tel. Ainsi il étend l'autorité de l'Eglise jusqu'à nous faire jurer la croyance sincere d'un fait, de la certitude duquel elle ne nous assûre pas. Ce livre ayant été bientôt répandu dans la Flandre & en France, les vrais Catholiques, & même les vrais Jansenistes qui ont un peu de droiture, en parurent également mécontens. Les uns trouvoient que l'Auteur Anonyme de Liege n'en disoit pas assez, puisqu'il met au rang des choses, qui ne sont pas tres-certaines, un fait qu'il veut qu'on croye sur l'autorité de l'Eglise avec une sincerité attestée par serment. Et les autres trouvoient qu'il en disoit trop, puisqu'il oblige à jurer qu'on croit sincerement un fait, qu'il permet de ne pas regarder comme tres-certain, & qu'il avouë n'être decidé que par une autorité faillible en ce point. Peu de tems aprés Monseigneur l'Archevêque de Cambray fit une seconde lettre, dans laquelle il refute exactement les raisonnemens de l'Auteur Anonyme, & celui-ci etoit sur le point d'écrire contre Monseigneur de Cambray, lorsque M de Hinnisdael Coadministrateur & Vicaire General de Liege fit défense le 10. du mois de May dernier de la part de son Altesse Serenissime Electorale à tous les Libraires & Imprimeurs de Liege, de rien imprimer ou vendre, qui parut favoriser la doctrine contenuë dans la lettre latine & dans le livre* Defensio *&c. de peur qu'il ne se glisse par là dans son Diocese une doctrine contraire à l'autorité du S. Siege Apostolique, & opposée à l'intention de Nôtre S. Pere le Pape, exprimée distinctement dans la derniere Constitution,* Vineam Domini Sabaoth. *L'Auteur Anonyme, dés qu'il eut appris cette defense, jugea à propos de protester contre, & d'en appeller au S. Siege par un placard qu'il fit afficher dans la Ville de Liege. Il se plaint dans cet acte de protestation, qu'on lui impute faussement de ne pas demander un acquiescement certain & absolu aux décisions de l'Eglise sur les faits doctrinaux. Il nomme en particulier Monseigneur de Cambray, dont il dit que le sentiment sur l'infaillibilité de l'Eglise est contraire à celuy de tous les autres Evêques. Son Alteße Serenissime Electorale Monseigneur L'Electeur de Cologne, Evêque & Prince de Liege, en envoyant cet acte de Protestation à Monseigneur l'Archevêque de*

Cambray, le pria de luy en mander son sentiment; & c'est ce que M. l'Arch. de Cambray à fait par cette lettre que son Altesse Sereniss. Electorale a souhaité qu'on imprimast en françois & en latin pour le bien de l'Eglise & l'avantage de la bonne cause.

LETTRE DE MONSEIGNEUR L'ARCHEVEQUE DE CAMBRAY A S. A. S. E. MONSEIGNEUR L'ELECTEUR DE COLOGNE EVEQUE ET PRINCE DE LIEGE &c.

MONSEIGNEUR,

PUISQUE vôtre Altesse Electorale veut que j'aye l'honneur de lui dire ce que je pense de l'écrit intitulé, *Mandatum protestationis & appellationis ad sanctam Sedem*, je vais lui obeïr, en luy rendant compte de ce qui me paroit à reprendre dans les principaux endrois de cet acte,

I.

IL est injurieux à l'Eglise, dit le Theologien auteur de cette protestation, *de reprendre comme mauvaise la doctrine, qui établit qu'on doit soûmettre son jugement à l'Eglise, même dans les décisions où elle n'a pas une infaillibilité suffisante pour faire un article de foi.*

1. Cette maniere d'exposer l'état de la question n'est pas juste. Il ne s'agit point ici de disputer sur le mot équivoque de *foi divine*, comme nous l'avons dit si souvent, & encore moins *d'un article de foi*. Selon ce Theologien l'Eglise † *doit être cruë infaillible pour découvrir le sens des Peres .... par exemple celui de S. Cyrille..... & néanmoins ces faits, savoir que S. Cyrille a écrit, & quel est le sens de ses écrits, sont fort posterieurs à l'Ascension de Jesus-Christ*. Voila, selon cet Auteur, des faits posterieurs à la revelation, sur lesquels l'Eglise décide infailliblement. Il ne nous reste qu'à lui demander, pourquoi l'Eglise ne sera pas aussi infaillible sur le fait de Jansenius, que sur celui de S. Cyrille, puisque l'hereticité du texte de l'un ne regarde pas moins la foi, que la catholicité du texte de l'autre.

2. Il est insoûtenable de dire *qu'on doit soûmettre son jugement à l'Eglise dans les décisions où elle n'est pas infaillible*. Si l'Eglise décidoit sur des matieres où elle pourroit se tromper, il *seroit permis à un particulier*, selon S. Augustin,* *de la reprendre par un discours peut-être plus sage*. Dans ce cas, où il se glisseroit *quelque defaut par erreur*

† *Defens. author. Pag* 114. * *Lib.* 2. *de Bapt c.* 3.

humaine contre l'autorité divine, dit S. Thomas, † chaque particulier pourroit montrer respectueusement à l'Eglise la subreption, comme il arrive dans les cas des *crimes*, des *possessions* & des mariages. Alors l'Eglise sauroit bon gré au particulier qui l'auroit détrompée, & elle retracteroit de bonne foi son jugement, dez que la surprise seroit prouvée : *quando ad notitiam Ecclesiæ venit.* J'ai prouvé la même chose par S. Bernard & par tout le droit Ecclesiastique. Rien n'est plus absurde que cette *soumission de jugement*, c'est à dire cette persuasion interieure & certaine pour un jugement faillible, c'est à dire capable de tromper, & par consequent incertain. Loin de lui devoir la persuasion, on ne lui doit pas même le silence respectueux : on ne luy doit qu'une remontrance respectueuse pour prouver la subreption, si elle est claire.

II.

EN rejettant cette doctrine, on renverse toute l'autorité des Evêques, même dans les Conciles provinciaux & nationaux.

1. Jamais Theologien n'a dit qu'on doive la croyance interieure aux décisions des Conciles particuliers, avant que l'Eglise ait autorisé leurs décisions. Oseroit-on dire que les fidelles d'Afrique & d'Asie devoient croire l'heresie des Rebaptisants, quand S. Cyprien & Firmilien l'enseignerent dans leurs Conciles trés-nombreux ? Oseroit-on dire que les fidelles devoient croire l'Arianisme sur les décisions des Conciles

† *In 4 dist. 41. a 5.*

de Sirmium & de Rimini? Oseroit-on dire que chaque fidelle étoit obligé de croire la décision du Concile tenu à Constantinople contre le culte des Images? Il est vrai qu'on doit respecter avec une humble docilité le grand préjugé qui resulte de la décision d'un Concile provincial ou national. Mais il n'est pas permis à un Catholique de dire qu'on leur doit une absoluë croyance, avant que l'Eglise les ait autorisez. Autrement les Conciles particuliers, qui se sont souvent contredit les uns les autres, pourroient faire jurer tour à tour la croyance certaine, tantôt de la pure foi, & tantôt de l'heresie.

2. La vraye maniere de conserver serieusement l'autorité de l'Eglise, est de supposer, qu'elle est infaillible dans tous les poincts, où elle exige par le serment une croyance certaine, & où elle dit, *La cause est finie.* C'est-ce qui arrête l'esprit humain : c'est-ce qui ne laisse aucun retranchement aux hommes prévenus & indociles.

III.

ILS prouvent fort au long, que les Défenseurs de Jansenius, independamment de la dispute sur l'infaillibilité de l'Eglise pour les faits doctrinaux, sont obligez de soûmettre leur jugement à l'Eglise, non par un jugement douteux, comme quelqu'un attribuë faussement cette pensée à l'Appellant, mais par un jugement absolu & certain.

1. Cet Auteur se vante d'avoir *prouvé au long*, qu'on doit juger par *un jugement absolu & cer-*

tain comme l'Eglise juge, independamment de savoir si elle est infaillible ou non sur le poinct qu'elle a décidé. Mais où sont ces preuves? Pourroit-il en dire une seule qui merite quelque attention, & qu'un Lecteur puisse retenir? Peut-il même alleguer quelque raison par laquelle il ait tâché de répondre aux objections dont il est accablé? Il prouvera que la nuit est le jour, & qu'une montagne est une vallée, quand il prouvera que l'esprit humain peut contre son intime evidence ou actuelle conviction, croire un fait d'une croyance certaine sur un motif capable de tromper, & par consequent incertain. Il n'y a point d'écolier de Logique qui ne lui dise, que nulle croyance ne sauroit jamais être plus certaine que le motif qui la produit. Si la décision de l'Eglise qu'on suppose être le seul motif de croire le fait est faillible, c'est à dire capable en soi d'être vraye & d'être fausse, elle est incertaine en soi. C'est *le signe faillible*, sur lequel seul l'esprit humain ne peut rien affirmer sans *dereglement*, c'est à dire sans temerité, comme parle S. Thomas, † parce que son *motif propre est le vrai infailliblement vrai*. Si l'unique motif de croire le fait est faillible & incertain, la croyance n'en peut être que faillible & incertaine. Qu'est-ce donc que cet Ecrivain peut avoir dit, & que pourra-t'il jamais dire d'intelligible & de supportable contre une demonstration si convaincante.

2. C'est sans fondement qu'il se plaint, qu'on lui a *imposé* en disant, qu'il se contente d'une croy-

† *Quaest. 8, de cogn, prim hom. art. 6.*

ance qui n'eſt qu'une opinion probable ſur le fait. Il a donné pour tout dénouëment de la difficulté, la diſtinction entre le fait du livre de Janſenius, & la ſincerité de la perſuaſion, que celui qui jure en a dans le cœur. Il déclare † *qu'on ne jure point ſur la verité du fait : non jurari factum*..... Il ajoûte *qu'on ne peut que mal-a-propos conclure que l'Egliſe exige le ſerment ſur le fait.* D'où vient que cet Ecrivain veut que chacun jure qu'il croit le fait, & qu'il ajoûte qu'il n'eſt pas permis de jurer que le fait eſt vrai ? N'eſt-il pas manifeſte qu'il veut qu'on affirme par ſerment ce qui a aſſez de certitude pour ne rien hazarder en jurant, & qu'il ne veut pas que le ſerment tombe ſur ce qui n'eſt pas certain ? Il voudroit ſans doute que le ſerment tombât ſur le fonds de la choſe, * de même que ſur la ſincerité de la croyance, s'il étoit convaincu que la déciſion de l'Egliſe rendît le fonds de la choſe entierement certain. Cette explication du ſerment leveroit tout ombrage, nous aſſûreroit que la cauſe eſt finie, & montreroit la croyance la plus abſoluë du fait en queſtion. Mais au contraire cet Ecrivain veut ſoulager la conſcience des gens du Parti ſur le ſerment en leur diſant : Vous ne devez point jurer que le fait eſt certain : il ſuffit de jurer que vous avez une croyance ſincere de ce fait. Il ne me reſte qu'à demander, de quelle nature peut être la croyance ſincere d'un fait, dont on n'oſeroit jurer la certitude. N'eſt-il pas clair qu'on ne ſe croit pas

† *Pag.* 36. 41. 43. * *Pag.* 36.

entierement certain du fait, quand on ne croit pas pouvoir en conscience jurer qu'on en est certain, & n'est-il pas manifeste que la croyance sincere qu'on a d'un fait, qu'on ne regarde pas comme entierement certain, ne peut être qu'une opinion? Mais ne raisonnons point, & laissons à cet Ecrivain le soin de s'expliquer lui même. *Le Pape*, dit-il, † *laisse le fait de Jansenius au nombre des choses, qui ne sont pas tres-certaines. Pontifex ..... Jansenii factum relinquit inter illa, quæ non certissimè constant.* Voilà la raison pour laquelle cet Auteur ne veut point qu'on jure sur la certitude du fait, mais seulement sur ce qu'on en a une croyance telle qu'elle peut être sans certitude. C'est-ce qui lui fait dire * que *celui qui jure n'affirme rien par son serment, sinon qu'il souscrit avec sincerité.* C'est-ce qui lui fait dire † *qu'on ne peut conclure que mal-à-propos, que l'Eglise exige le serment sur le fait.* Si on étoit certain du fait, on pourroit sans doute en jurer. D'où vient donc qu'on ne peut pas en jurer? c'est qu'on suppose que chacun n'a pas sur le fait la même certitude qu'il a sur la sincerité de sa croyance. De plus le Parti ne peut-il pas faire à ce Theologien ce raisonnement? (Nous ne demandons qu'à laisser le fait comme l'Eglise elle même le laisse. Or est-il que selon vous, elle *laisse* le fait *au nombre des choses qui ne sont pas trés-certaines*, c'est à dire des choses qui n'ont pas une parfaite certitude. Donc nous pouvons laisser le fait au

† *Pag.* 41. * *Pag.* 36. & XXX. † *Pag.* 43.

nombre de ces choſes, auſquelles la parfaite certitude manque , & ſur leſquelles il reſte une crainte d'erreur, en ſorte que la prudence ne permet pas de les affirmer, de peur de s'expoſer à affirmer ce qui eſt faux.) Envain cet Auteur dira que la certitude a divers degrez, qu'il veut que chacun regarde le fait comme certain, mais non pas comme *trés certain*, & de la certitude la plus abſolue : *inter illa quæ non certiſſimè conſtant*. Je réponds en deux mots , que dez qu'une choſe eſt entierement & abſolument certaine , elle ne laiſſe aucune crainte qu'elle ſoit fauſſe, & qu'alors on en peut jurer. D'où vient donc que ſelon cet Ecrivain on ne doit pas jurer du fait ? c'eſt que ſelon lui le fait eſt *laiſſé au nombre des choſes qui ne ſont pas trés-certaines*. Il eſt vrai qu'il peut y avoir divers degrez d'evidence pour un objet , parce que la verité de cet objet peut frapper plus ou moins promptement & fortement l'eſprit. Mais pour la certitude, elle eſt pour ainſi dire indiviſible. Dez qu'on eſt entierement & abſolument certain , on l'eſt tellement qu'il ne reſte plus aucune crainte de ſe tromper , car la certitude n'eſt autre choſe que l'excluſion abſoluë de tout reſte de crainte. Alors on ne craint point de jurer, parce qu'on ne peut plus craindre de ſe tromper. On voit donc la raiſon pour laquelle cet Auteur ne veut pas qu'on jure pour affirmer le fait. C'eſt qu'il ſuppoſe qu'une déciſion faillible , c'eſt a dire capable de tromper, & par conſequent incertaine, *a laiſſé ce fait au nombre des choſes qui n'ont pas une entiere* & abſoluë *certitude*, & ſur leſquelles il reſte quelque crainte de ſe tromper: *quæ non certiſſimè conſtant*. Il dira s'il le veut, pour adoucir ſes expreſſions, qu'il s'agit d'une probabilité ſi forte qu'elle ſe tourne en certitude morale & preſque abſoluë. Je réponds qu'une certitude preſque abſoluë n'eſt point une entiere certitude, & qu'elle laiſſe quelque reſte d'incertitude dans l'eſprit. Je réponds que la probabilité pouſsée au plus haut degré, ſi elle demeure dans le genre de ſimple probabilité, ne fait jamais une certitude abſoluë & proprement dite. Je réponds que ſi cette prétenduë certitude morale ne laiſſe aucune crainte de ſe tromper, elle eſt une certitude abſoluë & proprement dite, ſur laquelle on peut jurer du fait, & qu'au contraire ſi elle n'exclut pas toute crainte de ſe tromper, enſorte qu'on en puiſſe jurer, elle n'eſt qu'une opinion trés-probable qui n'eſt pas entierement certaine. Ainſi pendant que cet Auteur perſiſtera à dire que les gens du Parti peuvent ſans ſcrupule jurer, parce qu'on jure, non que la choſe eſt vraye, mais qu'on la croit ſincerement, on doit conclure qu'il n'exige point une croyance entierement & abſolument certaine de cette choſe. Pendant qu'il perſiſtera à dire qu'on ne doit pas jurer du fait, parce que la déciſion faillible, c'eſt à dire incertaine, *le laiſſe au rang des choſes qui n'ont pas une parfaite certitude*, il faut conclure qu'il n'exige point une croyance qui exclue tout reste de crainte de se tromper, ni par consequent une certitude parfaite & absolue.

3. Pour se convaincre de ce que je dis, le Lecteur n'a qu'à examiner toutes les differentes comparaisons dont cet Ecrivain s'est servi. Sa premiere comparaison est celle † *des Conciles provinciaux & nationaux*. Or il est visible que l'autorité de ces Conciles particuliers ne peut jamais, quand elle est seule, faire une veritable certitude, sur laquelle on puisse jurer. Il eût été impie aux Afriquains & aux Asiatiques de jurer une croyance certaine de la doctrine des Rebaptisants sur la décision faillible des Conciles de S. Cyprien & de Firmilien. Il eût été impie de jurer une croyance certaine sur les formules Ariennes des Conciles faillibles de Sirmium & de Rimini. Si on ne doit au jugement de l'Eglise contre le texte de Jansenius que la croyance qui est düe aux décisions des Conciles particuliers, tels que ceux des Ariens & des Rebaptisants, on ne lui doit aucune croyance certaine, sur laquelle il soit permis de jurer. La seconde comparaison de cet Ecrivain est encore plus mauvaise. C'est celle des soldats, * qui supposent que la guerrre entreprise par leur Prince est juste. Eh ! cet Auteur ne voit-il pas, que quand deux Princes se font la guerre, il faut que l'un des deux la fasse injustement ? Les soldats y vont neanmoins de

† *Pag* 68. & XXVII. * *Pag*. 130. & XXVIII.

part & d'autre, & le doivent faire ſans doute pour obeïr à leur Prince. Il eſt donc viſiblement faux que chacun y aille de ſon côté avec une vraye & abſoluë certitude de la juſtice de la cauſe du Prince qu'il ſert. Cet Auteur eſt bien éloigné de demander une croyance certaine du fait de Janſenius, s'il ſe contente d'une préſomption auſſi vague, auſſi incertaine, auſſi ſouvent fauſſe, que l'eſt celle de tout ſoldat de toute nation, qui porte les armes pour la cauſe de ſon Souverain en la ſuppoſant juſte. La troiſiéme comparaiſon tend encore à exclure toute certitude. C'eſt † celle *des écoliers qu'on exhorte à ſuivre les opinions de leurs profeſſeurs ſur les difficultez qu'ils ne ſont pas encore capables de reſoudre eux-mêmes.* Suppoſons deux écoles voiſines. L'une enſeigne la diſtinction réelle de Scot : l'autre la rejette. Il eſt viſible que les écoliers, qui dans leurs commencemens ſuivent toutes les opinions de leurs maitres, ne peuvent pas en avoir de part & d'autre une vraye certitude. Ceux qui diſent *oui*, & ceux qui diſent *non*, ne peuvent pas être également certains, en ſe contrediſant les uns les autres. Il faut que l'un des deux côtez, loin d'être certain de ſon ſentiment, y ſoit certainement trompé. Eſt-ce donc là cette certitude qu'on nous vante pour le ſerment du Formulaire ? Mais écoutons cet Ecrivain qui s'explique lui-même ſur ſa comparaiſon. * *Je veux*, dit-il, *qu'on ſoûmette ſon jugement* pour un peu de tems, *juſqu'à ce que les*

† *Pag.* 140. & XXIX. * *Pag* 143.

écoliers soient devenus capables d'approfondir eux-mêmes les questions. Il ajoûte ensuite : * *Qui est-ce qui peut douter s'il est meilleur d'adherer pour un peu de tems à l'opinion d'un maître, que l'on examinera dans la suite ?* Il paroît par la nature de la comparaison, & par les paroles formelles que je viens de rapporter, que cet Auteur ne demande qu'une simple soûmission de pure discipline, ensorte que comme l'écolier ne suppose la verité de l'opinion de *son maître*, qu'à condition de la rejetter dans la suite, s'il la trouve fausse, quand il en fera un examen dans un âge plus meur, de même celui qui signe le Formulaire, peut se borner à supposer la verité de l'opinion de l'Eglise contre le texte de Jansenius, en attendant la liberté de croire tout le contraire, quand il lui sera permis d'examiner à fonds ce texte. Les termes de cet Auteur sont trés-formels : *Ago de submittendo* ALIQUANTISPER *judicio*, DONEC *tyrones. sint ipsimet idonei ad discutiendas quæstiones* .... ALIQUANTISPER ADHÆRERE *opinioni magistri* POSTEA *discutienda.* Il ne s'agit dans ces expressions que d'une soûmission provisionelle. Si on ne se soûmet que *pour un tems, jusqu'à ce &c, aliquantisper, donec &c*, la cause n'est point finie, & on pourra jurer un jour le contraire de ce qu'on jure. La quatriéme comparaison est celle † *d'un* EVÊQUE *qui condamne une proposition comme fausse & pernicieuse dans la pratique, & qui exige de ses ordinands, ou de*

* Pag. 144. † Pag. XXXII.

ceux qu'il admet pour Confeſſeurs ; un ſerment en faveur de cette condamnation. Je demande à cet Auteur, s'il croit que ſon Evêque dioceſain fût en droit de lui faire ſigner un formulaire avec ſerment pour la condamnation de ſes deux ouvrages en queſtion, ſous peine d'une revocation de tous ſes pouvoirs ? Quelle appellation, , quels cris ne feroit-il pas retentir de tous côtez, ſi ſon Evêque par ſa ſeule autorité exigeoit de lui un ſerment ſur la croyance certaine de la doctrine opposée à celle qu'il ſoûtient actuellement ? Il ne manqueroit pas de dire que c'eſt une tyrannie exercée ſur les conſciences, qu'il n'appartient point à chaque Evêque de dreſſer un formulaire ſelon ſes préjugez, que ſi cette tyrannie avoit lieu, un Evêque feroit jurer pour une opinion, pendant que ſon voiſin feroit jurer pour l'opinion contraire. Voilà ce qu'il diroit, & il auroit raiſon de le dire. En quelle conſcience peut-il donc comparer la croyance du fait de Janſenius à celle qu'on devroit à la déciſion bizarre d'un Evêque, qui ſeroit aſſez temeraire pour dreſſer un formulaire dans ſon dioceſe, ſans être autoriſé par l'Egliſe, & qui oſeroit exclure des ordres & des fonctions Eccleſiaſtiques, tous ceux qui refuſeroient de jurer ? On peut juger par ces quatre indecentes comparaiſons, combien cet Ecrivain affecte de rabaiſſer la croyance du fait, qui eſt *laiſſé*, dit-il, *au nombre des choſes, qui n'ont pas une parfaite certitude.* Enfin il va jusqu'à faire une cinquiéme comparaison, pour expliquer la certitude de l'homme qui jure sur le fait de Jansenius, par l'exemple de la certitude † avec laquelle chaque Chrétien doit croire toutes les instructions de son Curé, qui peut être ignorant ou prévenu de quelque erreur. On peut juger par un tel exemple, combien cette pretenduë certitude se reduit à une présomption vague & à une déference incertaine.

IV.

L'Archevêque de Cambray se récrie : les défenseurs de Jansenius se récrient aussi, & ils soûtiennent qu'on ne peut trouver que dans l'infaillibilité l'obligation de soûmettre son jugement.

1. Cet Ecrivain se sçait bon gré d'avoir trouvé le moyen de me mettre avec *les défenseurs de Jansenius.* Mais faut-il s'étonner que je me serve des preuves invincibles du Parti de Jansenius, pour accabler ce Parti même? D'où vient que cet Auteur souffre si impatiemment un raisonnement si décisif contre ceux qu'il nomme ses adversaires? S. Augustin ne se servoit-il pas des preuves des Donatistes contre les Maximianistes, qui étoient une portion du schisme de Donat, pour convaincre tous les Donatistes en general? L'Eglise ne se sert-elle pas tous les jours de l'aveu que les Calvinistes nous font, de ce que nous recevons *la propre substance* du corps de JESUS-CHRIST dans L'Eucharistie, pour en conclure contre

† *Pag. 87.*

eux-mêmes la présence réelle ? Ne se sert-elle pas de ce qu'ils ont dit dans leur discipline, que *la finale resolution* sera faite *par le Synode national*, pour en conclure contre eux l'infaillibilité de l'Eglise ? Je déclare donc que je fais gloire de me servir des preuves démonstratives, qui sont répanduës dans tous les ouvrages de tous les Theologiens éclairez du Parti, pour confondre les mitigez, que M. Arnauld nommoit *les honnêtes gens*, & qui ont recours à un monstrueux relâchement de morale pour faciliter le serment du Formulaire.

2. Qui sont *les défenseurs de Jansenius* ? Peut-on s'empêcher de compter parmi eux un Ecrivain, qui ne craint pas de parler ainsi : † Il suffit de croire *que le sens naturel des cinq Propositions se trouve dans le livre de Jansenius .... contre son intention, à cause de quelques manieres de parler qui ne sont pas assez exactes*. Il ajoûte que Jansenius * *a pû tantôt parler correctement, & tantôt*, faute d'expression assez correcte, *exprimer le sens des cinq Propositions*. Il reconnoît que les plus zelez défenseurs de Jansenius avouënt † qu'*il contient des expressions trés-dures*. Enfin il assûre que quand Jansenius apperçoit que ce qu'il rapporte de S. Augustin * *va trop loin*, il le tempere *& parle juste*. Ainsi selon cet Ecrivain le texte de Jansenius ne peut être condamné que comme ambigu & dangereux, parce que tantôt il pose les correctifs, & tantôt il ne les pose pas. Mais suivant cette supposi-

† P. XXXIII. * P. XXXIV. † P. XXXVII. * P. XXXIV.

tion, il ne faudroit pas exiger, que l'Auteur, qu'on suppose avoir mis les correctifs necessaires en certains endroits principaux, les repetât sans cesse par tout, ce qui est impossible dans la pratique. Il ne seroit pas même juste de regarder comme certainement heretique un texte qui ne seroit qu'ambigu, faute de repeter assez souvent les correctifs. *Bien plus*, dit encore cet Ecrivain, † *ni le S. Siege ni les Evêques ne nient point qu'on peut donner un sens pur au livre condamné. Mais le Siege Apostolique veut que l'on condamne le mauvais sens qu'il y trouve, lequel sens est conforme aux cinq Propositions considerées en elles-mêmes.* Suivant ce discours on peut regarder le texte de Jansenius comme douteux & problematique. Faute d'une repetition assez frequente de ses correctifs, ce texte est susceptible de deux sens, l'un bon & l'autre mauvais. Entre ces deux sens que le texte presente, l'Eglise faillible en ce poinct à choisi le mauvais comme le plus probable. Mais elle ne nie pas qu'on ne puisse avec fondement lui attribuer le bon. Il suffit de condamner *le mauvais qu'elle y trouve*, c'est a dire qu'elle croit y voir par une lumiere faillible. Ce mauvais sens est celui *des cinq Propositions considerées en elles-mêmes*. Nous entendons ce langage si vulgaire & si captieux de tout le Parti. C'est le sens de la premiere des trois colomnes du fameux écrit à trois colomnes que le Parti nomme le *sens des cinq Propositions considerées en elles-*

† Pag. XXXV.

mêmes hors du livre. C'est un ſens outré & chimerique que perſonne n'a jamais attaqué, que perſonne n'a jamais ſoûtenu, & que l'Egliſe ne peut point avoir condamné ſerieuſement. Voila le ſens extravagant & ridicule, que l'Egliſe, capable de ſe tromper en ce poinct, a crû voir dans le livre de Janſenius. Il ſuffit de condamner ce ſens chimerique que l'Egliſe s'eſt imaginée y trouver. Voilà à quoi il ſemble que cet Auteur reduit le ſerment du Formulaire. Mais veut-il que nous le diſtinguions abſolument des diſciples mitigez de Janſenius, qui condamnent ſon livre en demeurant obſtinément attachez à tout ſon ſyſtême? Il n'a qu'à condamner le ſyſtême qui ſaute aux yeux dans le livre de Janſenius. Ce ſyſtême ſe reduit à dire qu'*il eſt neceſſaire* que la volonté de l'homme ſuive la délectation, qui la tourne tantôt au bien & tantôt au mal, parce que cette délectation la prévient *inevitablement* & la determine *invinciblement* vers un certain objet. Il eſt plus clair que le jour que le texte de Janſenius établit ſans ceſſe ce ſyſtême, & ne va pas plus loin. Ce Theologien oſeroit-il dire devant Dieu qu'il condamne ce ſyſtême de Janſenius comme contenant cinq hereſies, & qu'il juge ainſi *par un jugement abſolu & certain*, *aſſenſu abſoluto & certo*? Je prie Dieu qu'il le faſſe avec une parfaite ſincerité.

V.

Ils s'ecartent en ce poinct de la voye marquée par tous les Evêques dans leurs Mandements, & comme l'Appellant marche sur les traces de ceux-cy, on ne peut point l'attaquer sans les attaquer indirectement.

Jamais fait ne fut plus insoûtenable que celuy qui est avancé avec tant de confiance par cet Auteur. Aucun Evêque, si on en excepte le seul M. de S. Pons, n'a rejetté positivement l'infaillibilité de l'Eglise sur les textes, qui entrent dans le corps de la tradition. M. de S. Pons même ne nie pas cette verité quand on y met cette modification. Deplus tous les Evêques ont reçû sans aucune restriction la nouvelle Constitution, où il est dit qu'il faut *écouter l'Eglise* en ce poinct, qu'il s'agit *de la soûmission de l'homme orthodoxe*, & que *la cause est finie*. C'est le langage de S. Augustin que l'Eglise à adopté. Cette expression, *la cause est finie*, est le langage décisif, pour signifier une cause décidée par une autorité infaillible. C'est-ce que le Parti n'a pû s'empêcher d'avoüer, & que l'Auteur de la Justification du silence respectueux déclare en ces termes : * *On ne peut nier, que dans le langage de S. Augustin, dire qu'une cause est finie, & dire que l'Eglise à prononcé un jugement infaillible & irrévocable, c'est precisément la même chose.* Le Pape n'a point ignoré le sens naturel & vulgaire de l'expression qu'il à tirée de S. Augustin : aucun des Evêques n'a pû l'ignorer. Ce seroit leur faire une grande injure que de les accuser d'ignorance là dessus. Ils ont donc sçû que cette expression est abso-

* *Pag.* 875.

lument synonyme avec le mot *d'infaillibilité.* Comment cet Ecrivain ose-t'il dire qu'il se trouve dans le cas de tous les Evêques, puisque tous les Evêques ont dit aprés le Pape, *La cause est finie*, c'est à dire infailliblement décidée, & que cet Ecrivain veut qu'on ne jure point du fait, parce qu'il est *laissé au nombre des choses qui n'ont pas une parfaite certitude*, comme la décision d'un Concile particulier, comme celle d'un Evêque dans son diocese, comme la justice de la guerre qu'un Prince fait à son voisin, enfin comme l'opinion d'une école qu'une autre école combat ?

VI.

Il n'y a même, excepté L'Archevêque de Cambray, aucun Evêque ni aucun Theologien connu comme ayant quelque réputation, qui désapprouve cette doctrine.

Voilà un autre fait que cet Ecrivain ne peut alleguer, sans montrer à quel poinct il est malinstruit de ce qui s'est passé.

1. L'An 1656. l'assemblée du Clergé de France composée de 40 Archevêques ou Evêques, écrivit au Pape qu'il s'agissoit *non d'une question de fait où l'Eglise fût faillible*, comme le Parti le prétendoit, mais *de la question de droit &c.* Cette même assemblée dans sa relation signée de tous les Prélats aprés une mûre déliberation déclara que le prétendu fait de Jansenius étoit décidé par l'Eglise *avec la même autorité infaillible dont elle juge de la foi.* Le voilà donc le terme formel *d'infaillible* que le

Clergé de France à prononcé. L'assemblée de 1675. composée de 30 Evêques confirma cette relation, & ordonna qu'elle seroit rimprimée. Voilà 70 Evêques qui ont signé aprés une deliberation solemnelle pour autoriser en termes formels l'infaillibilité que je soûtiens. Il y a un grand nombre des députez du second ordre de ces deux assemblées, qui ont monté ensuite à l'ordre Episcopal. Ainsi on peut compter plus de 80. Evêques qui ont souscrit cette doctrine enseignée en termes formels dans ces deux assemblées.

2. Je démontrerai qu'en examinant la lettre des 85 Evêques qui demanderent à Innocent X. la condamnation du livre de Jansenius, & tous les actes du Clergé qui ont suivi cette lettre, on y trouve par tout l'autorité infaillible clairement exprimée, pour le texte long de Jansenius comme pour le texte court des propositions. De façon qu'en joignant ces actes solemnels de tant d'assemblées, avec la reception de la nouvelle Constitution, où tous les Evêques disent aprez le Pape (*la cause est finie*) on trouvera plus de 400 Evêques qui ont employé ou le terme formel d'infaillibilité, ou d'autres termes équivalents. L'Ecrivain de Liege cite hardiment tous les Evêques, sans oser rapporter les paroles d'aucun d'entr'eux. Pour moi je cite toutes les souscriptions des Evêques qui sont décisives en ma faveur dans les actes solemnels du Clergé de France. Dira-t'-il que tous

ces Evêques ont ſigné aveuglément, ſans entendre la force des paroles claires, auſquelles ils ont ſouſcrit aprez avoir déliberé ?

3. Cet Ecrivain a-t'il oublié que M. Le Card. le Camus a déclaré, que le prétendu fait *appartient à une partie du dogme*, ce qui ſignifie évidemment l'infaillibilité, puiſque l'Egliſe ne peut pas ſe tromper ſur *ce qui appartient à une partie du dogme* ou poinct de droit ? A-t'il oublié que pluſieurs de nos Evêques ont employé dans leurs Mandements le mot d'infaillibilité, & que beaucoup d'autres en ſe ſervant de termes qui ſont évidemment équivalents, ont prouvé invinciblement cette même doctrine ? Qu'y à-t'il donc de plus étonnant que d'entendre dire à ce nouvel Ecrivain, que tous les Evêques & tous les Theologiens ſont pour lui contre nous ? Eſpere-t'il qu'on croira ſur ſa ſeule parole, que tous les Evêques ſont d'accord entr'eux pour rétracter les actes ſolemnels de leurs prédeceſſeurs ?

4. Cet Ecrivain paroît préoccupé pour ſa cauſe, juſqu'à ne faire aucune attention aux faits notoirs qui ſont ſous ſes yeux. D'un côté il veut, comme nous venons de le voir, qu'aucun Evêque ne ſe ſoit déclaré pour l'infaillibilité ſur les textes dogmatiques, quoique les actes ſolemnels du Clergé de France lui montrent en deux Aſſemblées plus de 80 Evêques qui ont ſouſcrit avec deliberarion aux termes formels *d'autorité infaillible*, & que plus de 300 autres

Evêques ayent souscrit à d'autres termes clairement équivalens. D'un autre côté cet Ecrivain avance hardiment que nul Theologien connu ne soûtient cette doctrine. Mais au lieu de parler de ce ton de confiance, il devroit commencer par répondre aux textes clairs & décisifs d'un trés-grand nombre de Theologiens que j'ai produits comme têmoins de la tradition de leurs tems sur cette question. De plus cet Ecrivain a-t'il oublié que les deux Facultez de Theologie de Louvain & de Douay se sont déclarées trés-expressément pour cette doctrine dans leurs Censures du Cas de conscience? Compte-t'il pour rien ces deux Facultez? Croit-il qu'elles n'ont aucun Theologien connu? Veut-il les dégrader?

VII.

LE Decret suppose donc sans raison, que ces livres favorisent Jansenius, & que la doctrine qu'ils contiennent est contraire à la Constitution &c.

Qu'y a-t'il de plus favorable à Jansenius que de soûtenir qu'il n'est pas permis de jurer de l'hereticité du livre de cet Auteur, parce † *qu'il n'est permis de jurer que d'une chose qui ait une parfaite certitude*, & que l'hereticité du livre de Jansenius est *laissée au nombre des choses qui n'ont pas une certitude parfaite*; que *ni le S. Siege ni les Evêques ne nient pas qu'on peut donner un sens pur à ce livre*; que *le Siege Apostolique veut* seulement *que l'on condamne le mauvais sens qu'il*

† P. 41.

y trouve, par un jugement, où l'Eglise a pû se tromper ? Qu'y a-t'il de plus favorable à Jansenius que de dire qu'il suffit de croire qu'il y a dans le gros volume de cet Auteur *quelques manieres de parler qui sont peu exactes, ... qu'il contient des expressions tres dures ..... qu'il a pû tantôt parler correctement, & tantôt*, faute de repeter sans cesse en chaque endroit les correctifs déja posez ailleurs, *exprimer le sens des cinq Propositions*; qu'enfin, lorsque Jansenius apperçoit que ce qu'il rapporte de S. Augustin *va trop loin*, il le tempere & *parle juste*, ce qui suppose que Jansenius est plus pur, plus moderé & plus correct que S. Augustin même ? Qu'y a-t'il de plus favorable à Jansenius, que de dire que le serment du Formulaire ne tombe point sur l'hereticité du livre, qui n'est pas entierement certaine, mais seulement † sur *la sincerité* de je ne sçai quelle croyance qu'on en a par simple déference pour le sentiment de l'Eglise, * *que supposé même (ce qui est faux) sçavoir que le livre de Jansenius ne contient pas les cinq propositions, celui qui souscriroit au Formulaire ne seroit pas plus parjure qu'un Professeur*, qui auroit *souscrit avec serment à une declaration*, pour s'engager à soûtenir † *la doctrine de la grace efficace comme étant celle de S. Thomas, supposé qu'il se trouvât que S. Thomas n'eût point enseigné cette grace.* Qu'enfin il suffit d'adherer provisionnellement à la condamnation du livre de Jansenius, sur le défaut de repetition assez frequente des cor-

† *Pag.* 30. & XXX. * *Pag.* 32. † *Pag.* 31.

rectifs dans tous les endroits de ce gros volume, comme un écolier adhere provisionnellement à l'opinion de son Professeur, sur la distinction réelle de Scot, en attendant qu'il lui soit libre d'examiner à fonds si cette opinion est bien fondée ou ridicule, * *aliquantisper, ... donec &c.* Ces textes de cet Ecrivain étant incontestables, examinons la chose par les principes de Theologie.

1. N'est-il pas vrai que *les choses, qui n'ont pas une parfaite certitude*, ne peuvent être que trés-probables? On peut les mettre, si on veut, au plus haut degré de probabilité, qui est immediatement au dessous de la parfaite certitude, mais enfin si l'entiere certitude y manque, il y reste quelque petite incertitude. S'il n'y manquoit aucun degré de certitude, pourquoi ne pourroit-on pas en jurer, comme de toutes les autres choses certaines? Puisque selon cet Ecrivain, il n'est pas permis d'en jurer, il est visible qu'il suppose que l'entiere & absoluë certitude y manque.

2. Ce qui n'est pas parfaitement certain, n'étant que probable, à quelque haut degré de probabilité qu'il vous plaise de l'élever, laisse toûjours quelque crainte qu'il ne soit faux, comme parlent toutes les Ecoles, *cum aliquâ falsi formidine*, parce qu'une probabilité, si forte qu'on puisse la supposer, demeurant dans le genre de simple probabilité, laisse toûjours quelque degré de probabilité à l'opinion oppo-

* *Pag.* 141. *&* 144.

sée. Ainsi supposé que l'hereticité du texte de Jansenius soit au plus haut degré de probabilité immediatement au dessous de l'entiere certitude, la catholicité de ce texte sera au plus bas de tous les degrez de probabilité. Ainsi il sera trés-peu probable, mais enfin il demeurera un peu probable, que le texte de Jansenius est pur & exempt des cinq heresies.

3. Toute croyance qui peut-être sujette à quelque variation, comme celle d'un particulier qui auroit adheré aux Conciles des Rebaptisants, en attendant un Concile *plenier*, ou comme celle d'un écolier qui adhere par provision à l'opinion de son Maître, en attendant qu'il soit capable d'examiner par lui-même si elle est vraye ou fausse, *aliquantisper . . . donec &c*, ne peut pas être une croyance certaine. Autrement on pourroit avoir tour à tour tantôt la croyance certaine d'un contradictoire & tantôt celle de l'autre, ce qui est le comble de l'absurdité. Il est clair comme le jour, que quand on adhere à un sentiment que *pour un tems*, *en attendant* une plus exacte discussion, *aliquantisper . . . . . donec &c*, on est infiniment éloigné d'une entiere & absoluë certitude. De là il s'ensuivroit que chacun pourroit ne croire, que par un réglement provisionnel de discipline, l'hereticité du texte de Jansenius, en attendant que l'Eglise laissât à chacun la liberté d'examiner par lui-même à fonds, si cette hereticité est réelle ou imaginaire.

4. Le texte d'un jugement, qui condamne

un livre comme heretique, eſt contradictoire à ce livre. D'où il s'enſuit que les cinq Conſtitutions, qui ont condamné le livre de Janſenius comme heretique, ſont contradictoires en termes formels au texte de cêt Auteur.

5. Un texte contradictoire à un autre texte qui exprime la pure foi, nie cette même foi, & eſt heretique en termes formels.

6. S'il eſt vrai que la catholicité du texte de Janſenius ait quelque degré de probabilité, l'hereticité des cinq propoſitions ſe trouvera au même degré de probabilité. De là il s'enſuivra qu'il eſt réellement probable, quoi que d'une probabilité trés-foible, que les cinq Conſtitutions ont condamné injuſtement le livre de Janſenius, qui n'enſeigne que le dogme de foi contre l'hereſie Pelagienne. De là il s'enſuivra qu'il eſt probable d'une tres-foible mais réelle probabilité, que les cinq Conſtitutions, formellement contradictoires à ce texte Anti-pelagien, ſont formellement Pelagiennes. De là il s'enſuivra que le Formulaire eſt trés-certainement tyrannique, puiſque l'on contraint tout le monde à y jurer en faveur d'une opinion probablement fauſſe, contre une autre opinion probablement vraye. Qu'y a-t'il de plus tyrannique, que de faire jurer ainſi en vain & temerairement pour une opinion, contre une autre, dans une queſtion libre & problematique, ſur un fait indifferent au droit? Qu'y a-t'il de plus propre à deshonorer la cauſe de l'Egliſe ſous des

termes

termes radoucis & flatteurs, que d'insinuer cette grande probabilité, qu'on place immediatement au dessous de l'entiere & parfaite certitude, pour faciliter la signature au Parti, & pour énerver le serment? N'est-ce pas favoriser Jansenius, en paroissant le vouloir condamner? N'est-ce pas flatter le Parti, en affectant de le rapprocher de nous? Je ne prétends point imputer à cet Ecrivain une intention maligne & trompeuse. Je me borne à dire, que ce plan aboutit à laisser une pernicieuse evasion aux défenseurs de Jansenius.

VIII.

LE seul état de la question bien compris fait voir clairement, que ceux qui soûtiennent qu'on ne doit soûmettre son jugement qu'à une autorité infaillible, ouvrent une porte trés-large à ceux qui ne veulent pas condamner la doctrine de Jansenius.

1. Quand on fera jurer des Theologiens en leur disant, qu'ils ne jurent point sur le fait incertain en soi, mais seulement sur la sincere déference qu'ils ont à cet égard pour le jugement faillible & peut-être faux de l'Eglise, en sera-t'on plus avancé? S'imagine-t'on faire un bien, en facilitant par ces subtilitez les *parjures, les actes de dissimulation & d'hypocrisie*, † comme les Chefs du Parti s'en plaignent. Au contraire n'est-il pas capital d'empêcher que les Novateurs, à la faveur du parjure & de l'hypocrisie, ne demeurent dans le sein de l'Eglise en liberté d'y répandre impunément la contagion? Pour-

† *Lett. d'un Ev. à un Evêque pag. 146.*

quoi cet Ecrivain veut-il élargir les consciences & faciliter le serment, en ne le faisant pas tomber sur l'unique chose que l'Eglise veut mettre en sûreté, qui est l'hereticité du livre condamné ?

2. Il est faux qu'on *ouvre une large porte* aux défenseurs de Jansenius, en disant que la croyance certaine n'est dûe qu'à une autorité certaine & incapable de tromper. S. Augustin, S. Bernard, S. Thomas, toutes les Ecoles n'ont en aucune façon *ouvert une large porte* à la présomption & à l'indocilité des hommes, en reconnoissant de bonne foi cette verité qui est évidente à tout homme exempt de prévention.

3. Cet Ecrivain, au lieu de chercher de vaines subtilitez pour éluder le serment, n'a qu'à parler comme les Assemblées des Evêques du Clergé de France ont parlé dans leurs actes les plus solemnels. Il n'a qu'à dire comme eux, que le fait est decidé par l'Eglise *avec la même autorité infaillible qu'elle juge de la foi.* Alors toute porte sera fermée à ceux qui cherchent des faux-fuyants. Sans cette certitude absoluë la cause ne sera jamais finie, & on dira toûjours qu'il y reste quelque degré de probabilité en faveur du texte de Jansenius.

IX.

On ne peut pas nier qu'il y a des Theologiens de tout tems & de tout païs, qui nient l'infaillibilité tant du S. Siege que de l'Eglise pour les faits particuliers, qui ne sont contenus ni dans l'Ecriture ni dans la Tradition, tel qu'est celui de sçavoir quel est le sens d'un Auteur particulier.

1. Il est évident que le fait de l'hereticité ou catholicité du texte de Jansenius n'est pas moins un fait appartenant à la tradition pour le dix-septiéme siecle, que le fait de la catholicité ou hereticité du texte de S. Cyrille l'est pour le cinquiéme siecle. De plus les Constitutions qui sont contradictoires au texte de Jansenius, ne sont pas moins des faits contenus dans la tradition du dix-septiéme siecle, que les Epîtres des Papes S. Innocent & Zozyme contre le Pelagianisme, que celles de S. Celestin & de S. Leon contre Nestorius & contre Eutyches, & que les canons des Conciles œcumeniques étoient des faits contenus dans la Tradition de divers siecles qui nous ont precedé. D'un côté les canons ne sont que des textes qui ont condamné des textes courts & heretiques. D'un autre côté les cinq Constitutions sont des especes de canons qui ont condamné des textes longs & contagieux contre la foi. Tous ces textes, soit des canons sur des textes courts, soit des decrets équivalents sur des textes longs, entrent également dans la tradition chacun pour son siecle. Ils ont la même autorité, le même usage pour la conservation de la foi, la même force contre des textes qui sont précisément de même nature dogmatique, quoique les uns soient plus longs que les autres ; & rien ne seroit plus puerile que d'y vouloir chercher aucune difference serieuse.

Voilà donc cet Ecrivain qui est pris par ses propres principes & par son aveu.

2. Il espere inutilement se sauver en parlant *des faits particuliers*. Les *faits particuliers*, sur lesquels S. Thomas dit que l'Eglise peut se tromper, sont les faits personnels, comme *les crimes & les possessions* ; ce sont les faits que l'Eglise ne peut pas voir par ses propres yeux, comme elle voit les textes ; ce sont des faits sur lesquels elle peut être surprise par de *faux témoins* ; ce sont des faits, où chaque particulier, loin de devoir a l'Eglise un *jugement absolu & certain* pour se conformer à sa décision, ou du moins le silence respectueux, lui doit au contraire une respectueuse remontrance pour lui prouver la subreption, afin qu'elle la repare de bonne foi dez qu'elle lui sera prouvée : *quando ad notitiam Ecclesiæ venit.*

3. Oseroit-on dire que la catholicité ou hereticité des textes de S. Cyrille, de S. Leon &c. ou celle des canons des Conciles ne sont que *des faits particuliers*, sur lesquels l'Eglise peut se tromper *à cause des faux témoins* ? Non sans doute, répondra l'Ecrivain de Liege. Pourquoi? Parce que ces textes sont contenus dans la Tradition de tel & de tel siecle. Je lui réponds qu'il en est précisément de même des textes de Jansenius & des Constitutions qui lui sont contradictoires. Le texte long de Jansenius, entant que condamné par les Constitutions, entre dans la tradition du dix-septiéme siecle, comme di-

vers textes courts, entant que condamnez par des canons, entrent dans la tradition du V. du VI. du VII. siecle, & de tous les autres siecles jusques au nôtre. Les cinq Constitutions entrent dans la tradition de nôtre siecle, & en sont des monuments essentiels, comme les textes des canons des Conciles, des Epîtres decretales des Papes & de certains Peres de l'Eglise entrent dans la tradition de leur tems. Le Theologien de Liege ne peut pas s'empêcher de sentir la force invincible de cette verité, & elle ne lui laisse aucun pretexte pour contester encore cõtre nous. Quelques Theologiens ont pû être ébloüis par l'artifice, avec lequel le Parti a tâché depuis 50. ans de confondre *les faits particuliers* ou personnels, qui n'importent en rien au dépost de la foi, & qu'on ne prouve que par témoins, avec les faits generaux de textes, qui conservent ou qui combattent la vraye tradition, & dont l'Eglise juge immediatement pour la sûreté du dépost. Mais quand on aura demêlé ces deux sortes de faits tres-differents, & qu'on aura montré que les canons mêmes ne sont que des condamnations de textes courts, comme les condamnations de livres sont des especes de canons sur des textes longs, on ne trouvera aucun Evêque, ni même aucun Theologien éclairé & sincerement catholique, qui ne reconnoisse de bonne foi, que l'Eglise ne peut se tromper sur de tels faits, qui font partie du corps de la tradition, & sans lesquels le droit même demeureroit incertain,

X.

A Dieu ne plaise néanmoins que l'Appellant, qui n'a jamais contredit en aucun lieu cette infaillibilité, la veüille contredire.

Pourquoi n'ose-t'il pas la contredire ? Pourquoi s'écrie-t'il *à Dieu ne plaise*, comme un homme qui auroit horreur d'ébranler cette doctrine ? C'est qu'il en sent la force & la necessité. C'est qu'il en a donné lui-même les preuves tirées de l'Ecriture & de la Tradition, pour convaincre ses adversaires. C'est que dans la pratique il ne peut se passer du principe qu'il laisse en doute dans la speculation. C'est qu'il voit bien que toute autorité faillible sur un poinct précis peut actuellement faillir sur ce poinct là. C'est qu'il ne peut pas ignorer qu'il n'y a jamais de certitude entiere & absoluë dans une décision capable de tromper. C'est qu'il est naturel de recourir aux promesses, quand on se sent pressé par le besoin de montrer une autorité superieure à toute raison. C'est qu'il n'y a jamais rien de fini, si on n'en vient jusqu'à *captiver son esprit & sa raison*, comme le Pape l'a écrit à M le Card. de Noaïlles, pour le soûmettre à une *autorité confirmée par la bouche de Jesus-Christ.* En ce poinct il faut avoüer que le Theologien de Liege ne paroît *pas loin du Royaume de Dieu.* Mais d'un autre côté, s'il est vrai que mon sentiment *s'éloigne de la voye marquée par tous les Evêques dans leurs Mandements*, s'il est vrai qu' *aucun Evêque, excepté l'Arch. de Cambray, ni même aucun Theologien connu comme ayant quelque reputation*, ne raisonne comme moi, pourquoi ce Theologien hesite-t'il à condamner une doctrine qui est éloignée de celle de tous les Evêques & de tous les Theologiens connus. Toute doctrine nouvelle & singuliere ne doit-elle pas être rejettée? Sans doute il n'est pas d'accord avec lui-même sur ce poinct, & il sent au fonds de sa conscience, que cette doctrine, quand elle est développée & mise dans son vrai poinct de vûë, est le fonds de ce que les Evêques pensent, & est essentielle à la tradition, qui consiste dans des faits de textes dogmatiques. Peut-il esperer serieusement, que le Pape auquel il appelle, approuvera qu'il dise que l'hereticité du texte de Jansenius, & la catholicité des cinq Constitutions, avec le serment du Formulaire, sont *laissées au nombre des choses qui n'ont pas une parfaite certitude*, & qui n'étant que trés-probablement vrayes, sont probablement fausses? Peut-il croire qu'un Pontife si éclairé & si zelé pour la saine doctrine puisse jamais souffrir qu'on ravilisse si indignement les Constitutions?

XI.

On ne sçauroit, Monseigneur, blâmer Vôtre Vicaire General de n'avoir pas voulu qu'on imprimât dans vôtre Diocese des ouvrages qui tendent a faciliter la signature aux gens du Parti, sous pretexte que le serment ne tombe point sur l'hereticité du texte condamné. Vôtre Vicaire

General a raison de trouver mauvais qu'on veüille faciliter la signature, sous pretexte que ce texte contient *des manieres de parler peu exactes ... des expressions très-dures, qu'il a pû tantôt parler correctement, & tantôt*, faute de repeter à chaque page d'un si gros volume ces correctifs, *exprimer le sens des cinq Propositions*, si on detache ces endroits des autres qui doivent les temperer. Vôtre Vicaire General a raison de desapprouver qu'on facilite la signature, sous pretexte que l'hereticité du livre demeure au nombre des choses *qui n'ont pas une parfaite certitude*, & qu'ainsi il n'est pas permis d'en jurer. Il a raison de ne vouloir pas qu'on signe, en supposant que le serment ne tombe que sur la *sincerité* de la déference qu'on a pour l'Eglise, quoique son jugement puisse nous tromper. Enfin il agit trés-sagement de n'autoriser pas ceux qui voudroient signer, en prétendant que si cette hereticité se trouvoit par hazard fausse dans la suite, ceux qui auront juré, non pas qu'elle est vraye, mais seulement qu'ils la croyent de je ne sçai qu'elle croyance sincere, n'en devront avoir aucun scrupule. Tout ce qu'on pourroit dire de moins dur sur cette explication captieuse du Formulaire, c'est que l'Auteur y menage beaucoup moins l'honneur & l'autorité de l'Eglise, que la delicatesse & l'obstination de ses bons amis, qu'il veut par toute voye engager à signer, pour leur procurer du repos & du credit dans l'Eglise. Ceux qui veillent sur la doctrine, ont sans doute raison de ne

souffrir

souffrir pas qu'on donne aux Constitutions & au Formulaire des contorsions si hardies, sans sçavoir si le Vicaire de Jesus-Chr. les veut tolerer.

Les termes dont l'Appellant se sert, ne marquent point la douceur, la moderation, l'humilité, & encore moins cette credulité sans bornes qu'il veut que tout Fidelle ait pour les décisions de son Evêque diocesain. Personne ne devoit moins que lui donner cette soûmission pour exemple, puisqu'il resiste si ouvertement aux Mandements de son Evêque. Voudroit-il que les particuliers ne fussent pas plus dociles & plus persuadez du fait, en signant le Formulaire, qu'il paroit docile & persuadé de la décision de son Evêque diocesain, quand il viole le silence respectueux, même pour *protester* & pour *appeller* de son jugement?

XII.

Vôtre Altesse Electorale peut se souvenir, Monseigneur, que j'ai eu l'honneur de lui écrire dez le commencement, que sans me mêler de juger des regles de prudence qu'elle voudroit suivre en cette occasion, je me bornois à desirer pour l'interêt de la bonne cause, que les réponses de ce Theolog en parussent aux yeux du public, parce que rien n'est plus utile à la verité, que de faire voir à tout le monde, combien les raisons de ceux qui la combattent sont foibles, & combien les réponses à ces raisons sont demonstratives. Si quelque chose pouvoit détromper un parti aveuglé par sa vaine confiance en ſes Chefs, ce ſeroit cette experience de leur foibleſſe.

Au reſte, Monſeigneur, quoique je cite les textes formels & déciſifs de ce Theologien, qui me donnent droit de lui imputer ce que je lui impute, je ſuis preſt neanmoins à le juſtifier hautement autant qu'il eſt en moi, & a le combler de loüanges, dez qu'il voudra expliquer ces endroits facheux de ſon texte, & deſavoüer leur ſens naturel que j'ai ſuivi de bonne foi. Il n'aura beſoin d'aucune diſpute avec moi. Je le croirai ſur ſa ſeule parole, dez qu'il s'expliquera en termes précis, & je ſerai ravi de n'avoir plus qu'à honorer en paix ſa vertu.

Je ſuis &c.

www.ingramcontent.com/pod-product-compliance
Ingram Content Group UK Ltd.
Pitfield, Milton Keynes, MK11 3LW, UK
UKHW021955260726
13994UKWH00004B/1769